まちごとインド

West India 008 Shekhawati
シェカワティ
三角地帯に残る「壁絵の世界」

शेखावाटी

Asia City Guide Production

【白地図】ラジャスタン州

【白地図】シェカワティ地方

INDIA
西インド

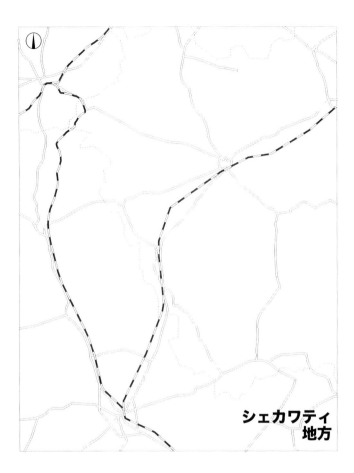

シェカワティ地方

Shekhawati 白地図

【白地図】マンダワ

INDIA
西インド

【白地図】ファテープル

INDIA
西インド

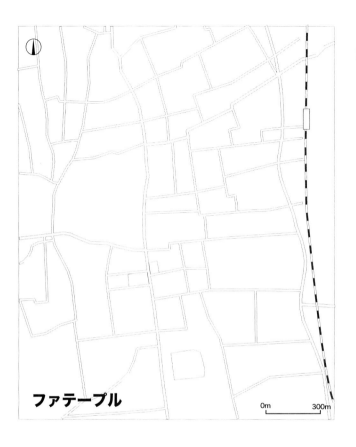

【白地図】ジュンジュヌ

INDIA
西インド

【白地図】ナワルガル

INDIA
西インド

【まちごとインド】
西インド 001 はじめてのラジャスタン
西インド 002 ジャイプル
西インド 003 ジョードプル
西インド 004 ジャイサルメール
西インド 005 ウダイプル
西インド 006 アジメール（プシュカル）
西インド 007 ビカネール
西インド 008 シェカワティ

INDIA
西インド

　ジャイプル、ビカネール、デリーのあいだの三角地帯に点在するマンダワ、ナワルガル、ジュンジュヌといった小さな街々。シェカワティ地方と呼ばれるこの一帯は、鮮やかなフレスコ画で内装と外壁を飾り立てた邸宅群が残る。

　このシェカワティ地方はデリーとペルシャ、グジャラートを結ぶ要衝にあたり、とくに18世紀以降、マールワーリーと呼ばれる商人を輩出した。財をなした商人たちは、競うように自らの邸宅を壁絵で彩っていき、街は屋外美術館とも呼べる姿を見せるようになった。

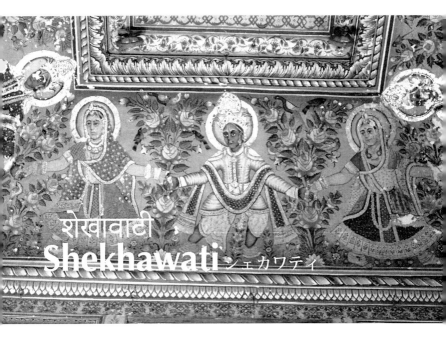

शेखावाटी
Shekhawati シェカワティ

　またこの地方は封建的な伝統が色濃く残り、夫に先立たれた寡婦が生きたまま火中に身を投じるサティの多発地帯でもある。20世紀以降もサティが集中的に起こっているのがシェカワティ地方で、ジュンジュヌにはサティ総本山も立つ。

【まちごとインド】
西インド 008 シェカワティ

目次

シェカワティ	xiv
極彩壁絵と特異な慣習	xx
マンダワ城市案内	xxvii
ファテープル城市案内	xxxvii
ジュンジュヌ城市案内	xlvi
ナワルガル城市案内	lix
ほかの街城市案内	lxv
マールワーリーの成功	lxix

【MEMO】

【地図】ラジャスタン州

INDIA
西インド

極彩壁絵と特異な慣習

INDIA 西インド

乾燥地帯のラジャスタンで
古くから描かれてきた外壁の絵
シェカワティにはまとまった壁絵が残る

シェカワティとは

シェカワティはシーカル郡、ジュンジュヌ郡、チュルー郡、ナガウル郡といった行政単位からなる地域をさす。もともと15世紀のジャイプル王子ラオ・シェカの領地があったところで、「シェカの末裔の土地（シェカの庭）」を意味する。この地域は、ちょうどデリー、ジャイプル、ビカネールのはざまに位置することから、これらの強大な勢力の折衝地帯となってきた（領地争いの場だった）。シェカワティの地の利を活かしてマールワーリー商人たちが活躍し、この地方の領主や商人の邸宅ハーヴェリーは鮮やかな壁絵で彩られた。ま

Shekhawati 極彩壁絵と特異な慣習

た強い血族関係で結ばれたマールワーリー商人、この地で起こる寡婦殉死サティは、ラージプートの伝統、封建的なシェカワティの風土と関係するという。

美しき屋外美術館

荒漠とした乾燥地帯の続くラジャスタンでは、古くから建物の壁に絵が描かれてきた。こうしたなかシェカワティ地方で見られるフレスコの壁絵は、イタリア、ドイツ、スイス、オーストラリアなどで受け継がれてきた壁絵の影響を受けて成立したという（マールワーリー商人はシルクロードの街道をお

INDIA
西インド

▲左　あざやかな服を着せた人形。　▲右　リキシャを利用してハーヴェリーをまわる

さえていたことから、ヨーロッパの事情にも通じ、西欧風のフレスコ画の様式がもたらされた)。19世紀以降、商人たちは自らの邸宅であり、ビジネス拠点であるハーヴェリーを競うように装飾していった。壁に漆喰を塗って、そのうえにサフラン、インディゴ、煤、チョークといった天然顔料を使って、赤や青、黒、白といった色がくわえられた。ヒンドゥーの神々、剣をもったラージプート男性、象や馬、また自動車や文明の利器など、人々の思いがかたちにされている。

【MEMO】

【地図】シェカワティ地方

【地図】シェカワティ地方の [★★★]
- [ ] ジュンジュヌ Jhunjhunu

【地図】シェカワティ地方の [★★☆]
- [ ] マンダワ Mandawa
- [ ] ファテープル Fatehpur
- [ ] ナワルガル Nawalgarh

【地図】シェカワティ地方の [★☆☆]
- [ ] チュルー Churu
- [ ] ラームガル Ramgarh
- [ ] シカール Sikar

マールワーリー商人の故郷

イギリス植民地下のムンバイやコルカタが発展を見せるなか、18世紀以降、シェカワティ地方にいた商人たちはこれ

西インド

▲左　宮殿のようなたたずまいの井戸。　▲右　野菜がならぶマンダワのバザール

らの都市へ移住し、商業的に成功した（ラジャスタン出身の商人はマールワーリー商人と呼ばれた）。とくにシェカワティ出身の商人は、ひとりが成功すれば一族を呼び寄せるなど、強い血縁関係で結ばれ、出稼ぎ先から故郷へ莫大な富を送金した。彼ら商人は学校、図書館、病院、井戸などを故郷に寄進し、先祖伝来の邸宅を鮮やかな装飾で飾り立てた。こうした商人たちは、今は故郷の家を空けて大都市に暮らし、地元の人にハーヴェリーの管理をまかせている例も多い。

Guide, Mandawa

マンダワ
城市案内

シェカワティ各地への
足がかりとなるマンダワ
美しいハーヴェリー群が残る

मंडावा ; マンダワ Mandawa ［★★☆］

商業や交易の関税でうるおってきたシェカワティ地方の小さな街マンダワ。ジュンジュヌ領主の息子タクル・ナワル・シングが1755年にこの地に邸宅を構え、以来、マンダワは発展してきた。領主の邸宅が小高い丘に立つほか、鮮やかに壁面を彩られた保存状態のよい邸宅ハーヴェリー群が残る。

बाज़ार ; バザール Bazar ［★☆☆］

マンダワの街を東西に走るバザール。食料品や工芸品、日常品を売る店舗がならび、レストランやホテルも集まる。バザー

西インド

ルの中心に立つナワテイア・ハーヴェリーの壁絵には馬や象のほか、自転車や自動車も描かれている（イギリスの生活スタイルが憧憬のまなざしで見られた）。

किला；フォート Fort ［★☆☆］

街の中心の小高い丘陵にそびえるマンダワ領主の邸宅。ラージプート王城のような堂々とした門構えを見せ、内部は鏡細工などで彩られている（現在はホテルとして開館している）。シェカワティ地方の街では、地主にあたったラージプート氏族が中心に邸宅を構え、その周囲に職業カーストを住まわせた。

【MEMO】

【地図】マンダワ

【地図】マンダワの [★★★]
☐ ハーヴェリー群 Havelies

【地図】マンダワの [★★☆]
☐ マンダワ Mandawa

【地図】マンダワの [★☆☆]
☐ バザール Bazar
☐ フォート Fort
☐ ソンタリア門 Sonthalia Gate

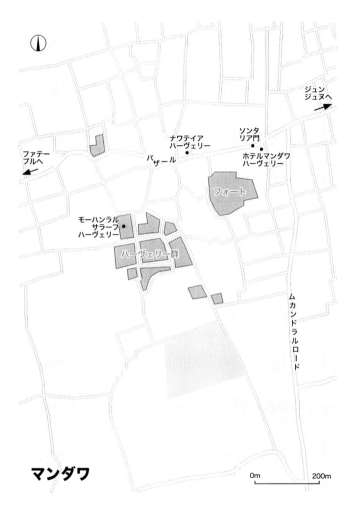

西インド

हवेलियों ; ハーヴェリー群 Havelies ［★★★］

16世紀にムガル帝国が成立して以来、北西インドに広く見られるようになった邸宅ハーヴェリー。マンダワには保存状態のよいハーヴェリーがいくつも残り、屋上から街を一望できるモーハンラル・サラーフ・ハーヴェリー（サラーフは著名なマールワーリー商人）、黄金の金箔で彩られた部屋をもつジュンジュンワラ・ハーヴェリーなどが知られる。これらのハーヴェリーは3〜5階建ての中庭をもつ様式で、壁面にはヒンドゥー教の神々やラージプート男性、象や馬が描かれている。神々のなかでクリシュナ神が多く見られるのは、シェ

▲左　ナワテイア・ハーヴェリーの壁絵、象、ラクダ、馬のほか自動車も見える。
▲右　マンダワの領主が暮らしたフォート

カワティ地方にクリシュナ信仰ヴァッラバ派の人々が多く暮らしているのと関係する。

ハーヴェリーの構成

血のつながった大家族が暮らすシェカワティ地方のハーヴェリー。この地方で見られるハーヴェリーは、玄関に近く、商談の行なわれる「前の中庭」と、家族の暮らす「奥の中庭」の連なる様式をもつ（「奥の中庭」では女性隔離が守られるなど、私的な空間となっていた）。「前の中庭」はバイタクと呼ばれ、インド中に広がったマールワーリー商人を結ぶ会社

INDIA
西インド

の本部機能があった。各地からあげられた利益や情報はシェ
カワティのバイタクへ集められ、バイタクから各地へ、手薄
となった人材の派遣、投資も行なわれた。シェカワティ地方
のある街では、5階建て、1000の窓をもつ邸宅もあり、窓を
開ける専門の使用人がいて、朝から窓を開けはじめ、最後の
窓を開けたときには日が暮れていたという逸話も残る。

▲左 中庭を中心に四方を建物がとり囲む。 ▲右 ジュンジュンワラ・ハーヴェリーのゴールデン・ペインティッド・ルーム

सोथलिया गेट；ソンタリア門 Sonthalia Gate［★☆☆］

マンダワ東側の門にあたるソンタリア門。バザールをまたいで覆いかぶさるように立ち、上部に装飾のほどこされたバルコニーが見える。また近くには19世紀のハーヴェリーを改装したホテル・マンダワ・ハーヴェリーも位置する。

Guide, Fatehpur
ファテープル 城市案内

勝利の街を意味するファテープル
イスラムとラージプート
領主を替えてきた街でもある

फतेहपुर ; ファテープル Fatehpur ［★★☆］

ファテープルは、デリー・サルタナット朝時代の1451年、ナワブ・ファテー・ハンによってつくられた街。デリーに都をおいたイスラム勢力の統治拠点となり、シェカワティ地方を代表する文化都市でもあった。16世紀、ファテープル領主の金庫番だった商人ポダールは、この街からチュールー、ラームガルと拠点を遷していったが、その移動が街の盛衰を決めるほど力をもったという（ポダールは、シェカワティで多数派の商人カースト「アグラワール」出身だった）。街の主権は、のちにイスラム支配者からラージプート領主の手に

INDIA
西インド

▲左　ナディンリー・プリンス・カルチャーセンター。　▲右　上部のトーラナにもびっしりと装飾がほどこされている

渡り、現在にいたる。

हवेली नादिन ली प्रिंस；
ナディンリー・プリンス・カルチャーセンター
Nadine Le Prince Cultural Center [★★☆]

シェカワティ地方の伝統的なハーヴェリーが利用されたナディンリー・プリンス・カルチャーセンター。外壁、建物内部とともにびっしりと装飾がほどこされ、建物奥と上層階が私的な空間となっている。フランス人ナンディンによって、この地域の文化センターとなった。

【MEMO】

【地図】ファテープル

【地図】ファテープルの [★★☆]
- ☐ ファテープル Fatehpur
- ☐ ナディンリー・プリンス・カルチャーセンター Nadine Le Prince Cultural Center
- ☐ シングハニア・ハーヴェリー Singhania Haveli

【地図】ファテープルの [★☆☆]
- ☐ ドワルカデッシュ寺院 Dwarkadheesh Mandir

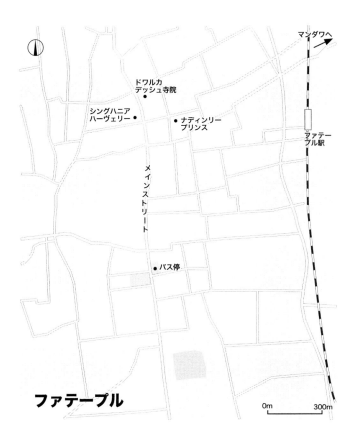

सिंघानिया हवेली ;
シンガニア・ハーヴェリー Singhania Haveli [★★☆]

ファテープルを代表するハーヴェリーのシンガニア・ハーヴェリー。1860年、セト・ジャガンナート・シンガニアによって建てられた。赤、白、青を基調とした鮮やかな外壁をもち、馬や象に乗った人々、ヒンドゥー神話の場面が描かれている。

द्वारकाधीश मंदिर ;
ドワルカデッシュ寺院 Dwarkadheesh Mandir [★☆☆]

市街北に位置し、クリシュナ神をまつるドワルカデッシュ寺

▲左　象が描かれた、派手な装飾をもつハーヴェリー。　▲右　ファテープルで出合った女の子

院。19世紀に建てられたヴィシュヌ派のヒンドゥー寺院で、壁面はフレスコ画で彩られている。

人々の生活を支える井戸

シェカワティ地方では、ペルシャ由来のつるべ式井戸が各地で見られる。これらの井戸は乾燥したこの地方の飲料用、農業用に整備され、成功した商人が故郷に寄進することも多かった。街を囲むように30近い井戸があることもめずらしくなく、4本の尖塔が立つなど、目印と井戸への信仰を兼ねた様式となっている。

INDIA
西インド

イスラム教徒のラージプート

1206年、デリーにイスラム政権が樹立されると、地理的に近いシェカワティでは、ラージプートのイスラム改宗者も出た。ラージプートのイスラム教徒は、ほかのイスラム教徒と少しおもむきが異なり、「他のイスラム教徒とは食事をともにしない」「氏族間の結合を重視する」など、ヒンドゥー教やラージプートの伝統を残しているという。

Guide, Jhunjhunu
ジュンジュヌ城市案内

INDIA 西インド

ジュンジュヌはシェカワティ地方最大の街
インドを代表する
サティ寺院の本家も位置する

झुंझुनू；ジュンジュヌ Jhunjhunu ［★★★］

10世紀ごろには集落があったとされ、15世紀、イスラム領主の支配下に入ったジュンジュヌ。1730年、ラージプート族のマハラオ・シャルドル・シングによって征服され、ヒンドゥー寺院や井戸を建設するなど街づくりが進められた。時代はくだった19世紀以降、ビルラ財閥はじめ、この地方出身のマールワーリー商人が多く輩出されたことも知られる。各財閥の拠点が位置するほか、病院や大学なども充実し、ラジャスタンでも先進的な街となっている（一方で、インドの悪習と考えられている寡婦殉死サティの総本山が立つ）。

【MEMO】

【地図】ジュンジュヌ

【地図】ジュンジュヌの [★★★]
- [ ] ジュンジュヌ Jhunjhunu
- [ ] ラニ・サティー寺院 Rani Sati Dadi Mandir

【地図】ジュンジュヌの [★★☆]
- [ ] ネルー・バザール Nehru Bazar

【地図】ジュンジュヌの [★☆☆]
- [ ] モディ・ハーヴェリー Modi Haveli
- [ ] ケートリー・マハル Khetri Mahal
- [ ] カマル・アルディン・シャー廟 Dargah Qamar al Din Shah
- [ ] バダルガル・フォート Badalgarh Fort

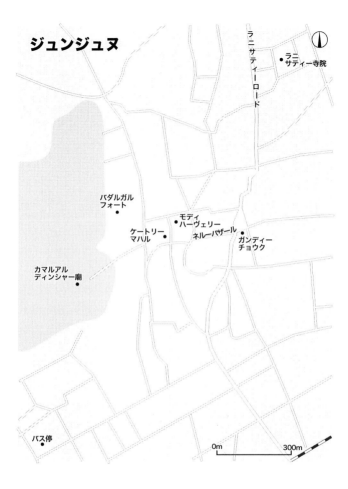

INDIA
西インド

新たな市場、街の形成

インドでは各都市を結ぶ街道の整備とともに、15世紀ごろから商業街が形成され、この時代を起源とするシェカワティの街も多い。のちにマールワーリー商人として活躍するシェカワティの商人カースト「アグラワール」はもともとハリヤナにいたと言われ、イスラム勢力の侵攻とともに南下したとも、シェカワティの地の利に注目して南下したともいう。また18世紀後半以降、経済や社会の変化を受けて、街や村にある常設小売市バザールに対して、新たな穀物取引所の卸市町ガンジが現れた。インド・ネパール国境のネパールガンジ、

▲左　露店がならぶジュンジュヌの街角。　▲右　生きたまま火中に身を投じた女性をまつるサティー寺院も残る

ビールガンジといった「ガンジ」を語尾にもつ街は、この穀物市場町をはじまりとする。

नेहरू बाज़ार ; ネルー・バザール Nehru Bazar ［★★☆］

ジュンジュヌの中心部にあたるガンジー・チョウクから西に走るネルー・バザール。ジュンジュヌでもっともにぎわう場所で、人、果物や野菜売り、布製品をあつかう店舗であふれる。バザール内には古いハーヴェリーも残る。

INDIA
西インド

मोदी हवेली ; モディ・ハーヴェリー Modi Haveli [★☆☆]

旧市街の一角に残るモディ・ハーヴェリー。アーチ型の上部をもつ門、回廊状のヴェランダ、屋根を支える腕木など美しいたたずまいを見せる。中庭をもつ邸宅の壁面には、ヒンドゥー神話の一場面が描かれている。このハーヴェリーのそばにはビハーリ寺院が立つ。

खेतड़ी महल ; ケートリー・マハル Khetri Mahal [★☆☆]

ケートリー・マハルは18世紀に建てられた領主の宮殿(「風の宮殿」)。風のめぐるバルコニー、出窓など美しいたたずま

▲左 ジュンジュヌを代表する邸宅のモディ・ハーヴェリー。 ▲右 多くの人が行き交うネルー・バザール

いで、ムガル帝国時代に洗練された建築様式が見られる。

कमरुद्दीन शाह का मकबरा;
カマル・アルディン・シャー廟
Dargah Qamar al Din Shah [★☆☆]

デリー・サルタナット朝時代の15世紀に活躍したイスラム聖者をまつったカマル・アルディン・シャー廟（ダルガー）。堂々とした門楼からなかに入ると、墓廟は丘陵に抱かれるように展開する。

INDIA
西インド

बादलगढ़ किला；バダルガル・フォート Badalgarh Fort[★☆☆]

旧市街西部の丘陵に立つ城塞バダルガル・フォート。16世紀、ジュンジュヌを統治したイスラム太守によって建てられ、ここにジュンジュヌの宮殿がおかれていた（18世紀以降、ラージプートのヒンドゥー教徒に統治者が替わった）。城壁の角に円形稜堡を配する堂々としたたたずまいを見せる。

रानी सती मंदिर；
ラニ・サティー寺院 Rani Sati Dadi Mandir [★★★]

ジュンジュヌ市街の北東に立つラニ・サティー寺院は、イン

▲左　マールワーリー商人の寄進もあって、ラニ・サティー寺院は見事な外観をもつ。　▲右　白いシカラ屋根、紅い旗が立つ

ド各地に100以上の支部寺院をもつサティー寺院の総本山。16世紀、先立った夫を追って生きたまま火中に身を投じる寡婦殉死（サティー）をしたアガルワール家のナラヤニ・デヴィがまつられている。5層の巨大な門楼からなかに入ると、敷地内にサティを敢行した12人の女性の名前と出身地が刻まれたモニュメントが立つ。シェカワティでは、サティーをした女性は女神として信仰され、殉死場所は多くの巡礼者が訪れる聖地となる。この寺院は神々の彫刻や絵画が見られず、ナラヤニ・デヴィの肖像画が安置されている。ハヌマン寺院、シータ寺院、ガネーシャ寺院、シヴァ寺院がそばに立ち、ラ

INDIA
西インド

ニ・サティー寺院もふくめてマールワーリー商人の大規模な寄進を受けている。

貞淑さと、迷信と

夫に先立たれた妻が、夫の亡骸とともに生きたまま火葬される寡婦殉死サティー。もともと「貞淑な妻」を意味し、インドの古代叙事詩『マハーバーラタ』や『ラーマーヤナ』のほか、インドを訪れたメガステネスやイブン・バットゥータもこのサティーについて記している(夫婦は地上での婚姻関係を終え、天国でともに暮らすとされる)。女性は男性に仕えると

Shekhawati ジュンジュヌ城市案内

いった封建的な価値観の残るラジャスタンでは、中世以来、マハラジャやラージプートのあいだでサティーが行なわれ、シェカワティ地方は20世紀以降も起こるサティー頻発地域となっている。くべられた薪の周囲に男たちが輪をつくって邪魔の入らないようにし、太鼓、トランペット、ラッパの音と「サティー女神万歳」という興奮した声のなか、女性は炎のなかに身をおく。ラジャスタンでは、寡婦は粗末な食事や服装しかあたえられず、不吉な存在とされる迷信、女性の地位の低さが寡婦殉死に関係しているという。

Guide, Nawalgarh
ナワルガル城市案内

シェカワティ各地に
道が伸びるナワルガル
美しいハーヴェリーが残る

नवलगढ ; ナワルガル Nawalgarh ［★★☆］

ナワルガルは1737年、ラージプートのタクル・ナワル・シングが創設した街（ジュンジュヌの父マハラオから領地をあたえられた）。マールワーリー商人による保存状態のよい邸宅ハーヴェリーがいくつも残る街と知られる。

आनंदी लाल पोद्दार हवेली ;
アーナンディラル・ポダッル・ハーヴェリー
A nandi lal Poddar Haveli ［★★☆］

街の北東に立つアーナンデイラル・ポダッル・ハーヴェリー。

▲左 道を説明する少女、後ろに隠れる照れ屋の少女。　▲右 シェカワティ料理、ライス、チャパティとカレー

壁面にはびっしりと、人物、動物などの装飾がほどこされ、現在は博物館として開館している。このハーヴェリーの近くにカマル・モラルッカ・ハーヴェリー、クリシュナ寺院も位置する。

बाला किला किला；
バラキラ・フォート Bala Kila Fort [★☆☆]

ナワルガルの中心に立つ地方領主の邸宅バラキラ・フォート。街はこのフォートをとり囲むようにつくられ、近くにはバザールが走る。

【MEMO】

【地図】ナワルガル

【地図】ナワルガルの [★★☆]
- [ ] ナワルガル Nawalgarh
- [ ] エー・ナンディラル・ポダッル・ハーヴェリー A nandi lal Poddar Haveli

【地図】ナワルガルの [★☆☆]
- [ ] バラキラ・フォート Bala Kila Fort
- [ ] アアト・ハーヴェリー Aath Haveli

आठ हवेली；アアト・ハーヴェリー Aath Haveli ［★☆☆］

ナワルガル旧市街の一角に立つ邸宅アアト・ハーヴェリー。壁面を神話やラージプート男性、動物などの絵でおおわれ、道路をはさんで近くにモルラッカ・ハーヴェリーも位置する。

Guide, Other Cities
ほかの街
城市案内

ジャイプル、ビカネール、デリーの
あいだに点在するシェカワティの街々
信じられないほどの億万長者を輩出した

चुरु ; チュルー Churu ［★☆☆］

1541年、ビカネールと同じ一族のラートール・ラージプートによって建設されたチュルーの街。この地方に暮らしていたジャート農民の族長チュハルーから名前はとられている。1560年ごろ、ファテープルの商人ポダールとバーグラーがチュルーに移住したことで、街は大いに栄えた。20世紀、ビルマで材木業と金融業で莫大な富を築いたバグワーンダース・バーグラーもこの街を出身とする。

INDIA
西インド

रामगढ़ ; ラームガル Ramgarh [★☆☆]

ラームガルは1791年、チュルーから移住したポダール家チャタルブージの商業活動で発展した街（チュルー領主とのあいだの税をめぐる諍いがあった）。ポダール家は毛織物や穀物をあつかって財をなし、ラームガルは「豪商の街」と知られていた。

▲左　正装姿の男性、マンダワのフォートにて。　▲右　バザールでやりとりをする店主と買いもの客

सीकर；シカール Sikar ［★☆☆］

シカール郡の行政中心地となっているシカール。近代、シカール領主は、ラージプート藩王国とイギリスとのあいだに立って街を発展させてきた。街には、領主の邸宅フォート、ヒンドゥー寺院、壁絵で彩られたハーヴェリーが残る。インド大反乱（1857〜1859年）はシカールで、タートヤ・トーペーが敗れたことで終結したという経緯もある。

マール
ワーリー
の成功

20世紀、インド経済の半分以上とも
言われる富を手にしていたマールワーリー商人
シェカワティ発、インド全土へ

マールワーリー商人とは

マールワーリーという名前はジョードプルを中心とした地域名マールワールからとられ、近代、ムンバイやコルカタなどイギリス植民都市で成功したラジャスタン出身の商人をさす。ビルラ、シンハーニヤー、モディー、バングルなどがマールワーリー出身の財閥で、シェカワティはこのマールワーリー商人を多く輩出した地と知られる。マールワーリーの特徴は、地縁、血縁を何より重視し、インド中に広がる信用ネットワークを商売に利用してきたこと。同じ故郷、同じ一族、同じ言葉の商人たちは互いに裏切らず、借金の踏み倒しをし

INDIA
西インド

ない信用力があった。このマールワーリー商人は19世紀から20世紀にかけて強大な勢力となり、インドを独立に導いたマハトマ・ガンジーを財政面で支えた。

シェカワティからコルカタへ

はじめてマールワーリー商人が、ラジャスタンからベンガルに進出したのは1564年のこと。マールワーリー商人ジャガトセートが軍需物資の調達のためにムガル帝国の都ムルシダバードへおもむき、ここで銀行家として成功した。イギリス東インド会社が勢力を広げるなか、1820年ごろから、これ

▲左　仲良しふたり組、ジュンジュヌのバス停にて。　▲右　窓枠、腕木の装飾が見事なハーヴェリー

といった産業のないシェカワティより、ムンバイやコルカタへ出稼ぎに出る者が増え、ひとりが成功すると、残りの家族を出稼ぎ先に呼び寄せた。このあいだデリー、コルカタ間の鉄道開通もあって、女性や子どもの長距離移動もたやすくなり、シェカワティからコルカタへの移住は進んだ。当初、植民都市で事務員や下請け仕事をはじめたが、やがて自らのビジネスを立ちあげ、成功した者は故郷シェカワティに財を投じるようになった。一方で地元のベンガル人からは、利にさとい人たちと嫉妬の眼差しを受けていた。

INDIA
西インド

ビルラ財閥

インド有数の大財閥と知られるビルラ財閥は、シェカワティのピラニを出自とする。インド大反乱(1857〜59年)のあと、シブ・ナラヤン・ビルラは故郷ピラニからラクダで20日間かけてアーメダバードにたどり着き、そこから植民都市ムンバイへ向かった(この1860年がビルラ財閥の誕生)。1916年、綿紡績で成功したビルラは、近代工業化の波にうまく乗り、金融、製糸業、繊維機械、自動車とつぎつぎに事業を拡大した。やがてゾロアスター教徒のタタ財閥とならんでインド最大の財閥となり、インド独立運動にあたって国民会議派を財政的

Shekhawati
マールワーリーの成功

に支援した。1948年、ガンジーが暗殺されたのは、ガンジーが身を寄せていたデリーのビルラ邸裏庭だった。

参考文献

『サティー伝統の真実』（田部昇 / ウェブ版ゼミナール）

『ムガル期インドの国家と社会』（佐藤正哲 / 春秋社）

『ムガル帝国から英領インドへ』（佐藤正哲 / 中央公論社）

『「故郷」への投資：ラージャスターンの商業町と移動商人マールワーリー』（中谷純江 / 現代インド研究）

『インド旅の本』（山田和 / 平凡社）

『インド史の諸相』（二木敏篤 / 大明堂）

『インドの財閥』（加藤長雄 / アジア経済研究所）

『ビルラ財閥の形成と発展』（三上敦史 / 大阪大學經濟學）

『ヨーロッパの壁絵デザイン』（松味利郎 / 東方出版）

『シェカワティ・オフィシャルサイト』http://www.shekhawati.in/

『世界大百科事典』（平凡社）

まちごとパブリッシングの旅行ガイド

Machigoto INDIA , Machigoto ASIA , Machigoto CHINA

【北インド - まちごとインド】

001 はじめての北インド
002 はじめてのデリー
003 オールド・デリー
004 ニュー・デリー
005 南デリー
012 アーグラ
013 ファテープル・シークリー
014 バラナシ
015 サールナート
022 カージュラホ
032 アムリトサル

【西インド - まちごとインド】

001 はじめてのラジャスタン
002 ジャイプル
003 ジョードプル
004 ジャイサルメール
005 ウダイプル
006 アジメール(プシュカル)
007 ビカネール
008 シェカワティ
011 はじめてのマハラシュトラ
012 ムンバイ
013 プネー
014 アウランガバード
015 エローラ
016 アジャンタ
021 はじめてのグジャラート
022 アーメダバード
023 ヴァドダラー(チャンパネール)
024 ブジ(カッチ地方)

【東インド - まちごとインド】

002 コルカタ
012 ブッダガヤ

【南インド - まちごとインド】

001 はじめてのタミルナードゥ
002 チェンナイ
003 カーンチプラム
004 マハーバリプラム
005 タンジャヴール
006 クンバコナムとカーヴェリー・デルタ
007 ティルチラパッリ
008 マドゥライ
009 ラーメシュワラム
010 カニャークマリ
021 はじめてのケーララ
022 ティルヴァナンタプラム
023 バックウォーター(コッラム〜アラップーザ)
024 コーチ(コーチン)
025 トリシュール

【ネパール - まちごとアジア】

001 はじめてのカトマンズ
002 カトマンズ
003 スワヤンブナート

004 パタン
005 バクタプル
006 ポカラ
007 ルンビニ
008 チトワン国立公園

【バングラデシュ - まちごとアジア】

001 はじめてのバングラデシュ
002 ダッカ
003 バゲルハット（クルナ）
004 シュンドルボン
005 プティア
006 モハスタン（ボグラ）
007 パハルプール

【パキスタン - まちごとアジア】

002 フンザ
003 ギルギット（KKH）
004 ラホール
005 ハラッパ
006 ムルタン

【イラン - まちごとアジア】

001 はじめてのイラン
002 テヘラン
003 イスファハン
004 シーラーズ
005 ペルセポリス
006 パサルガダエ（ナグシェ・ロスタム）
007 ヤズド
008 チョガ・ザンビル（アフヴァーズ）
009 タブリーズ

010 アルダビール

【北京 - まちごとチャイナ】

001 はじめての北京
002 故宮（天安門広場）
003 胡同と旧皇城
004 天壇と旧崇文区
005 瑠璃廠と旧宣武区
006 王府井と市街東部
007 北京動物園と市街西部
008 頤和園と西山
009 盧溝橋と周口店
010 万里の長城と明十三陵

【天津 - まちごとチャイナ】

001 はじめての天津
002 天津市街
003 浜海新区と市街南部
004 薊県と清東陵

【上海 - まちごとチャイナ】

001 はじめての上海
002 浦東新区
003 外灘と南京東路
004 淮海路と市街西部
005 虹口と市街北部
006 上海郊外（龍華・七宝・松江・嘉定）
007 水郷地帯（朱家角・周荘・同里・甪直）

【河北省 - まちごとチャイナ】

---

001 はじめての河北省
002 石家荘
003 秦皇島
004 承徳
005 張家口
006 保定
007 邯鄲

【江蘇省 - まちごとチャイナ】

---

001 はじめての江蘇省
002 はじめての蘇州
003 蘇州旧城
004 蘇州郊外と開発区
005 無錫
006 揚州
007 鎮江
008 はじめての南京
009 南京旧城
010 南京紫金山と下関
011 雨花台と南京郊外・開発区
012 徐州

【浙江省 - まちごとチャイナ】

---

001 はじめての浙江省
002 はじめての杭州
003 西湖と山林杭州
004 杭州旧城と開発区
005 紹興
006 はじめての寧波
007 寧波旧城
008 寧波郊外と開発区
009 普陀山
010 天台山
011 温州

【福建省 - まちごとチャイナ】

---

001 はじめての福建省
002 はじめての福州
003 福州旧城
004 福州郊外と開発区
005 武夷山
006 泉州
007 厦門
008 客家土楼

【広東省 - まちごとチャイナ】

---

001 はじめての広東省
002 はじめての広州
003 広州古城
004 天河と広州郊外
005 深圳(深セン)
006 東莞
007 開平(江門)
008 韶関
009 はじめての潮汕
010 潮州
011 汕頭

【遼寧省 - まちごとチャイナ】

---

001 はじめての遼寧省
002 はじめての大連
003 大連市街
004 旅順
005 金州新区

006 はじめての瀋陽
007 瀋陽故宮と旧市街
008 瀋陽駅と市街地
009 北陵と瀋陽郊外
010 撫順

【重慶 - まちごとチャイナ】

001 はじめての重慶
002 重慶市街
003 三峡下り（重慶〜宜昌）
004 大足

【香港 - まちごとチャイナ】

001 はじめての香港
002 中環と香港島北岸
003 上環と香港島南岸
004 尖沙咀と九龍市街
005 九龍城と九龍郊外
006 新界
007 ランタオ島と島嶼部

【マカオ - まちごとチャイナ】

001 はじめてのマカオ
002 セナド広場とマカオ中心部
003 媽閣廟とマカオ半島南部
004 東望洋山とマカオ半島北部
005 新口岸とタイパ・コロアン

【Juo-Mujin（電子書籍のみ）】

Juo-Mujin 香港縦横無尽
Juo-Mujin 北京縦横無尽
Juo-Mujin 上海縦横無尽

【自力旅游中国 Tabisuru CHINA】

001 バスに揺られて「自力で長城」
002 バスに揺られて「自力で石家荘」
003 バスに揺られて「自力で承徳」
004 船に揺られて「自力で普陀山」
005 バスに揺られて「自力で天台山」
006 バスに揺られて「自力で秦皇島」
007 バスに揺られて「自力で張家口」
008 バスに揺られて「自力で邯鄲」
009 バスに揺られて「自力で保定」
010 バスに揺られて「自力で清東陵」
011 バスに揺られて「自力で潮州」
012 バスに揺られて「自力で汕頭」
013 バスに揺られて「自力で温州」

【車輪はつばさ】
南インドのアイラヴァテシュワラ寺院には建築本体に車輪がついていて寺院に乗った神さまが人びとの想いを運ぶと言います。

- 本書はオンデマンド印刷で作成されています。
- 本書の内容に関するご意見、お問い合わせは、発行元のまちごとパブリッシング info@machigotopub.com までお願いします。

まちごとインド
西インド008シェカワティ
〜三角地帯に残る「壁絵の世界」[モノクロノートブック版]

2017年11月14日　発行

著　者	「アジア城市（まち）案内」制作委員会
発行者	赤松　耕次
発行所	まちごとパブリッシング株式会社
	〒181-0013　東京都三鷹市下連雀4-4-36
	URL http://www.machigotopub.com/
発売元	株式会社デジタルパブリッシングサービス
	〒162-0812　東京都新宿区西五軒町11-13
	清水ビル3F
印刷・製本	株式会社デジタルパブリッシングサービス
	URL http://www.d-pub.co.jp/

MP021

ISBN978-4-86143-155-5 C0326　　　Printed in Japan
本書の無断複製複写（コピー）は、著作権法上での例外を除き、禁じられています。